AF448442

Pornografía

La enfermedad silente del siglo XXI

Zariel Espada

BIENETRE
EDITORIAL

Pornografía

Zariel Espada

Publicado por: Editorial Bien-etre.

Diseño y Diagramación: Ceadvertising.

ISBN: 978-9945-9266-8-2

Edición: Editado por Editorial Bien-etre.

Impresión: Impreso en la República Dominicana por Editorial Bien-etre, bajo el sello A90D.

www.a90d.com

Primera edición 2020

Índice

Dedicatoria 9

Agradecimientos 11

Introducción 13

Capítulo 1 . . . . **15**

Una sociedad relativa 15

Un dilema social 15

El problema 16

El relativismo cultural 17

El convencionalismo 19

El subjetivismo ético 20

Capítulo 2 . . . . **23**

Un cerebro PornStar. 23

¿Cómo inicia una adicción? 23

Nuestra amiga llamada Dopamina 24

Pensamiento sexual adolescente 26

Capítulo 3 . . . . **29**

Un Monstro Gigante 29

Algunos datos que no te muestran en las escenas del porno 29

Capítulo 4 . . . . **37**

Consecuencias Catastróficas 37

Salud mental 37

Capítulo 5 . . . . **47**

¡Hay Esperanza! 47

Derribando al Monstruo 47

Bibliografía 57

Dedicatoria

El mundo está lleno de aguas desconocidas, pero depende de ti descubrirlas con valentía. Zaed

Este trabajo se lo dedico a mi esposa, Linda Johanna de Espada. Sin su cariño, aprecio, esfuerzo y, sobre todo paciencia, no hubiera sido posible culminar este proyecto. Fue ella quien me dijo: "hazlo, escribe, yo te apoyo".

Hoy estamos mucho más cerca de lograr nuestro objetivo y qué bonito es cuando puedes contar con una esposa que está dispuesta a darte todos los ánimos y las fuerzas que necesitas para cumplir y culminar cada sueño que te propongas.

Agradecimientos

Hay tantas personas que merecen mis agradecimientos. En esta ocasión a la primera persona que le voy a agradecer es a mi papá Luis A. Espada, quien me ha guiado en lealtad, fidelidad, paz y amor para llevar una vida integra y fructífera. Gracias por todo viejo. Todas tus enseñanzas están dando frutos.

A mi mamá. Sin esa señora no estaría donde estoy. Su disposición incondicional todo ese tiempo invertido en sus hijos valió la pena.

A mi hermano Luis Espada. Desde pequeño dormía junto a Luigui, así es como de cariño le decimos en la familia y amigos cercanos. No todos cuentan con un hermano mayor que siempre ha estado pendiente de lo que te suceda. En lo personal, sí tuve un hermano que siempre y de verdad siempre ha estado preocupado del bienestar de sus hermanitos. Hermanos como él son los que necesitan los jóvenes hoy, que no permiten que sus hermanos pequeños se descarrilen.

A mi otro hermano Shaddiell Espada. Su rectitud y forma radical de pensar es lo que me hacen admirarlo, su firmeza incomparable sin ser inhumano con nadie y de igual manera, lleno de muchas emociones. En este momento estás embarcado y cuando pienso en ti me lleno de mucho orgullo porque estás cumpliendo uno de tus sueños.

A mi hermanito Jhaell Espada. Puedo escribir un libro entero de este joven y me faltarían varios más para poder describir su fabulosa personalidad. Muchos doctores en psicología dicen que la inteligencia emocional es importante y que no es fácil llegar a dominar las emociones, pero Jhaell hace que toda esa teoría se vuelva práctica de una manera muy sencilla, siendo feliz y llenando de alegría la vida de otros seres.

Introducción

La sociedad en la que vivimos se encuentra atropellando a nuestros niños y adolescentes, brindándoles de forma gratuita y abierta toda clase de material pornográfico sin medir ni calcular las consecuencias neurológicas, físicas y emocionales que puede tener un individuo inmerso en el mundo de la pornografía.

Este libro hará resistencia, pues muy pocos son los que se están levantando en contra de la sociedad que arroja pornografía de forma auditiva y visual a través de un sin número de medios. No quiero que mi generación de adolescentes se pierda y se mantenga ahogada. Con sentimientos de culpa y sin saber qué hacer o dónde pedir ayuda. Este libro es para adolescentes, padres y madres de familia, líderes, especialistas, psicólogos, trabajadores sociales y aquellas personas cuya labor involucre a jóvenes, adolescentes y niños. Aún estamos a tiempo de rescatarlos, dar la batalla y brindarles herramientas que les permitan conocerse a sí mismos y aprender a discernir.

CAPÍTULO 1

Una sociedad relativa

Un dilema social

"El autor Tim Challies afirma que en el portal de pornografía más famoso del mundo en el año 2016 se reprodujeron 4.6 billones de horas de contenido pornográfico en los Estados Unidos" (Challies, 2017)

Pasan los años, los días, las horas y cada minuto que transcurre es más fácil acceder a material pornográfico. Sin darnos cuenta fuimos permisivos ante la enfermedad del siglo XXI -pornografía- que está contagiando a miles y miles de adolescentes.

Espero que estés listo para empezar a leer este libro. Voy a desafiar tu forma de pensar. Existe la posibilidad de que te identifiques con una parte de la información, o que haya alguna con la que no estarás de acuerdo, pero debes saber que mi labor principal es brindarte información, conocimiento y herramientas que te permitan tomar una decisión radical, que vaya en pro de nuestra salud mental. Confío en que será la correcta.

El problema

Nosotros los seres humanos somos personas biológicas, psicológicas, sociales y espirituales. Cada una de estas estructuras aporta un valor importante a lo que somos como individuos. Si alguna de estas estructuras entra en desbalance o desequilibrio, se desencadena una serie de conflictos y consecuencias que tienden a derivar en crisis, trastornos y enfermedades.

Vivimos en un mundo en el que la sociedad posee un gran espacio dentro de nuestros pensamientos y en ocasiones nos interesa más lo que está sucediendo en nuestro entorno o en las calles. Restando importancia a lo que sucede en nuestro interior. Le hemos dado tanta autoridad a la sociedad que es capaz de definir nuestro valor como individuos, inclusive a algunos adolescentes, la sociedad tiende a definir su autoestima y forma de pensar. Sin embargo, uno de los más graves problemas de la sociedad en la que vivimos es que tiene serios conflictos morales.

Existe una disciplina llamada axiología que se encarga de estudiar la moral y los valores. Me imagino que en algún momento has estado en una conversación en donde alguien, mientras brinda su punto de vista dice "eso es relativo" y trata de explicar que el tema a discusión depende de cómo se interprete, desde qué punto de vista lo analices o dependiendo de las circunstancias en la que ocurrieron los hechos. Objetando que "todo depende" y quizás esa conversación terminó sin ninguna verdad absoluta porque predominó el relativismo. ¡Bienvenidos al XXI, donde todos tenemos la razón y nadie está equivocado!

Nuestros adolescentes se encuentran expuestos y vulnerables dentro de una sociedad en donde la moral, el pudor y la decencia, casi desaparecen y si alguien se atreve hablar de moral o defenderla, lo catalogan de fanático o religioso. Le hemos dado paso al relativismo. Este sustenta que no existe una verdad absoluta y universal, que todo depende de conocimientos, experiencia, tradiciones culturales, teorías científicas.

Ahora, te invito a leer lo que viene de forma detenida, sin afán y súper concentrado. Te explicaré tres conceptos que tarde o temprano pueden terminar destruyendo todo lo bueno del ser humano. Tres corrientes que se han apoderado de nuestra sociedad y lo peligroso que puede ser si no empezamos a forjar un criterio y un fundamento moral sólido en nuestra niñez y adolescencia. Hago referencia al relativismo cultural, el convencionalismo y el subjetivismo ético.

El relativismo cultural

Expone que toda verdad moral o ética depende del contexto cultural de una determinada región, país o pueblo, incluyendo tradiciones y costumbres. Una forma sencilla de explicar el relativismo cultural es a través de un ejemplo. "Según la BBC, en países como Kenia, ubicado en África, hay una tribu llamada Maasai, en la que a las niñas cuando llegan a determinada edad, las agarran a la fuerza y mutilan por completo sus clítoris" (Ontiveros, 2019)

Muchos médicos a nivel mundial, incluyendo organizaciones como UNICEF, consideran dicho acto como maltrato infantil. 200 millones de niñas alrededor del mundo sufren algún tipo de mutilación genital. Si entramos en la cultural Massai nos daremos cuenta de que este acto tiene un significado positivo para quienes habitan en esta tribu, pues lo asocian con higiene, mantener la virginidad y convierte a las jóvenes en más deseables para hombres del pueblo.

Ahora bien, por más que dicho procedimiento sea parte de su cultura y ellos asignen características positivas a esta acción, no quita que sea un total absurdo someter a niñas a tales procedimientos, provocando severas consecuencias emocionales y físicas. "Tales procedimientos también se realizan en Medio Oriente, partes de Asia y América del sur" (Ontiveros, 2019)

Esta corriente permite que cada cultura imponga su criterio impidiendo que exista un sistema de valores y moral absoluto, impidiendo que entidades externas (UNICEF o *Save The children*) puedan corregir o recomendar mejoras.

Ahora pensemos en lo siguiente: que cada cultural posea diferéntes tradiciones o métodos no quiere decir que no existan formas correctas de actuar, las cuales nos brinden dirección para entender cómo debemos llevar una vida integra.

El convencionalismo

Este es aún más peligroso. Expone que cada sociedad es capaz de definir qué es bueno y qué es malo, permitiendo que el pensamiento, opiniones y criterio de la mayoría determinen las reglas, normas. y todo lo moral se iguala con la ley.

Doug Powell expone un ejemplo interesante. "Imaginemos que se aprueba una ley según la cual es ilegal tener ojos azules y el castigo por tenerlos es la pena de muerte. Según el convencionalismo deberíamos aceptar que no hay nada inmoral en la ley, pero ¡sí sería inmoral tener ojos azules!" (Powell, 2009)

Vámonos en un viaje al país de Alemania en la década de los 30 y 40 en donde podemos señalar el nacimiento del régimen nazi que gobernó al país alemán y también el inicio de la II Guerra Mundial. En aquel entonces se determinó por ley que los judíos merecían morir -ojo al dato- se determinó por ley.

La ley es la ley. Era bueno asesinar judíos según las leyes, según la ley, masacrar, humillar, denigrar a los judíos era lo correcto. Y si me revelo a esa ley soy una mala persona, traidor, un inmoral y debo ser juzgado.

¿Te imaginas la magnitud del problema que tendríamos con permitir que la mayoría defina qué es bueno y qué es malo? No queramos tapar el sol con un dedo. "La mayoría" muchas veces se ha equivocado. Toma en cuenta que el ser humano por naturaleza hoy quiere el color rojo, pero mañana le gusta el blanco. Algunos afirman y dicen que la pornografía no es mala y míranos aquí a punto de profundizar en ella.

El subjetivismo ético

Es más individualista; define que cada persona tiene su verdad. Tu verdad es tuya y mi verdad es mía; tú tienes razón, pero yo también tengo razón. En palabras más sencillas, si a mí me parece que algo está mal, eso es malo y si me parece que algo está bien eso es bueno. Todo es subjetivo y nada es absoluto.

Si yo pienso y siento que soy un ave, tengo la libertad de serlo, pero si voy a un noveno piso de algún edificio para intentar lanzarme y volar como un ave sin el equipo necesario, seguramente terminaré en el hospital con varias fracturas, si es que no perdí la vida.

¿Consideras importante y necesario una moral incorruptible que no dependa de culturas o razas, que trascienda fronteras? Hablo de una moral que no sea relativa, que vaya más allá de nuestros pensamientos, sentimientos y emociones. Te hablo de una verdad que no sea manipulable, una verdad en la que todos podamos confiar y tener la certeza de qué es lo correcto sin importar los tiempos o circunstancias.

Imagínate a las culturas, leyes y sociedades decidiendo por nosotros, por nuestros hijos, amigos y familiares. Objetando que la pornografía es parte de la adolescencia. Aduciendo que es parte del desarrollo sexual de todo individuo. Que debemos ser permisivos y aceptar que las redes sociales, series, el internet y cualquier otro medio envuelvan a una generación y la ahoguen con pornografía. ¡Pues no!

Estamos aquí para ser la resistencia, para que tomes el control de tus deseos y de tu vida. Tienes que saber que no te dejaré solo en esta travesía. Te acompañaré hasta el final y prometo no soltarte en esta aventura que estás a punto de iniciar.

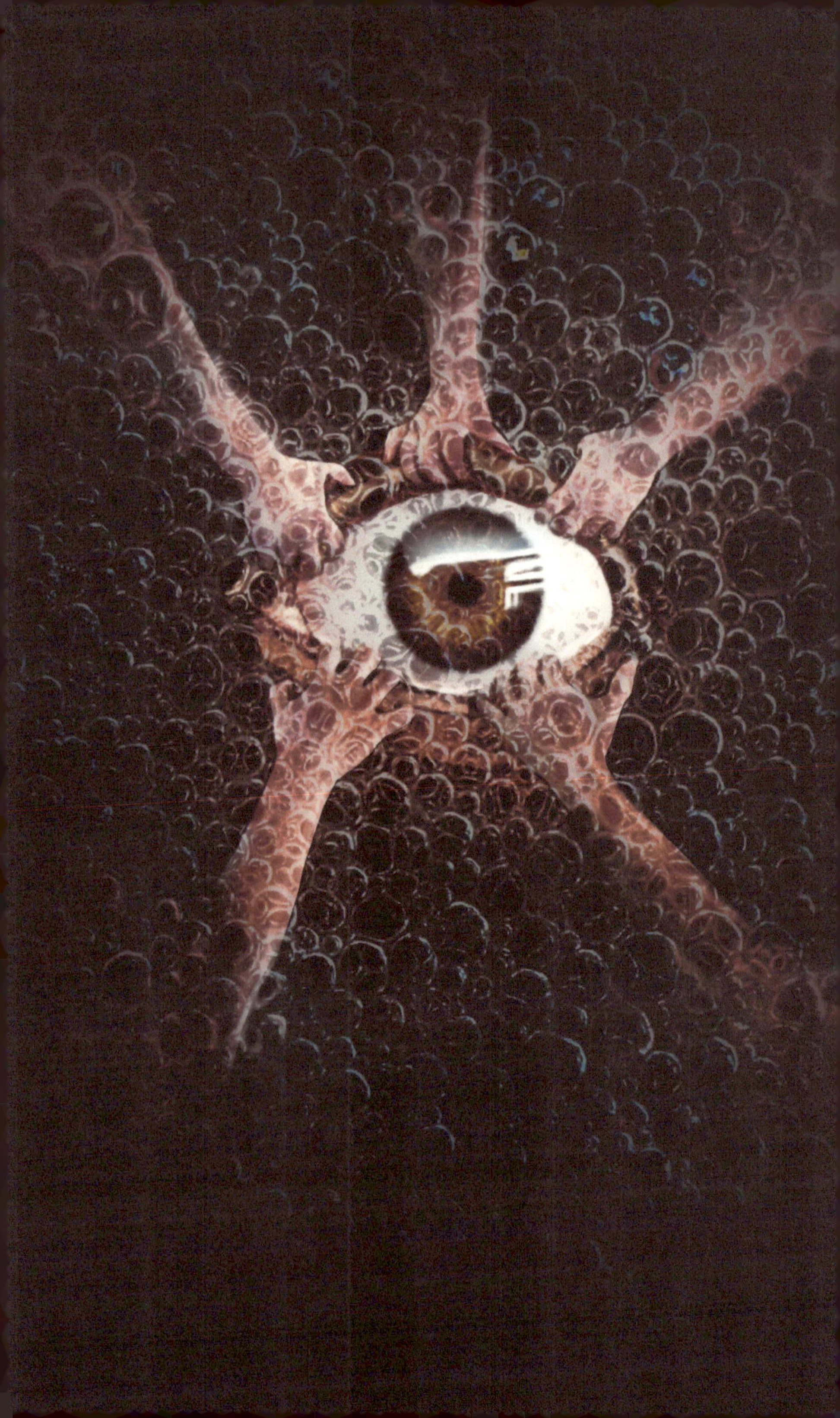

CAPÍTULO 2

Un cerebro PornStar

Quizás has tenido la oportunidad de conocer a alguna persona que sea adicta a la marihuana, cocaína, alcohol, etc. Si llegas a preguntarle cómo inició su consumo, estoy seguro de que las respuestas serán similares. La mayoría te asegurará que inició con una porción mínima de aquella sustancia, quizás te digan que nunca pensaron llegar a la condición de adictos y que se arrepienten de aquel día en donde empezaron a consumir dicha sustancia.

¿Cómo inicia una adicción?

Esto es sencillo de explicarlo con una taza de café. Supongamos que regularmente por las mañanas me tomo una taza para iniciar con energía mis actividades diarias. El café posee una sustancia llamada cafeína que estimula nuestro sistema nervioso central que nos permite experimentar un estado de alerta y concentración por un tiempo determinado. Sin embargo, yo repito de forma consciente o inconsciente este proceso por las mañanas durante dos semanas. Quiera o no mi cuerpo ya está acostumbrado al estímulo matutino llamado cafeína, y como ya una taza no provoca el mismo estado de alerta que al principio del consumo, el cerebro te empezará a pedir más. En este caso puntual te empezará a pedir dos tazas de café y cuando esas dos tazas ya no sean suficientes, tomaremos tres tazas y así le vamos agarrando el gustito.

Nuestro cerebro -en palabras sencillas- tiene la habilidad de acostumbrarse o adaptarse a todo lo que nosotros le brindemos. Quiere decir, que si yo lo acostumbro a visualizar y escuchar contenido pornográfico llegará el momento que sin darme cuenta mi cerebro me empezará a exigir material pornográfico.

Nuestra amiga llamada Dopamina

La dopamina es un neurotransmisor que nuestro cerebro libera o segrega cuando estamos experimentando algún episodio placentero. Por ejemplo: al comer un chocolate nuestro cerebro produce dopamina, cuando recibimos un abrazo, se produce dopamina y aparecen en escena otros neurotransmisores como la endorfina, mejor conocida como la hormona de la felicidad. Existen otros neurotransmisores y cada uno tiene funciones específicas en nuestro sistema nervioso.

Sigamos con nuestra amiga llamada dopamina. Cuando vemos pornografía la producción de este neurotransmisor en el cerebro se da en exceso y es justo allí en donde empieza el problema. Muchos adolescentes tienden a consumir pornografía a temprana edad sin conocer que su cerebro se encuentra en un proceso crucial e importante dentro del desarrollo humano.

Regularmente, un adolescente tiende a ser caprichoso, impulsivo, quiere tomar sus propias decisiones, tiende a ser emocional. Cuando somos adolescentes nos empezamos a identificar con la música, inclusive suspiramos de amor por algún artista, nos importa la moda y el maquillaje, queremos tener una presentación personal porque nos interesa nuestra apariencia física. Otros empiezan a levantar pesas y a hacer ejercicios para desarrollar buenos músculos, también practicamos algún deporte que nos llama la atención o que ya veníamos practicando desde niños. Los adolescentes empiezan a tener conflictos con su autoestima al no sentirse cómodos y aceptados por la sociedad. Empiezan los gritos y discusiones con sus padres por diferentes motivos y algunos optan por encerrarse en su cuarto para golpear la pared con rabia, otros se colocan los audífonos y se desconectan de su realidad entre lágrimas.

De por sí, la adolescencia es un proceso complicado. Ahora, imagínate si a eso añadimos el hecho de que nuestro cerebro produzca una sobrecarga de dopamina y como es algo placentero, que nos gusta, capta nuestra atención con imágenes y videos que despiertan nuestra libido o deseo sexual. El resultado es que nuestro cerebro nos empieza a pedir más y más de eso que nos gusta.

Volviéndose aún más peligroso cuando este se acostumbra a esas sobrecargas de dopamina, porque al igual que en el ejemplo del café, llegará el punto en donde el cerebro nos pedirá otro tipo de contenido pornográfico.

Porque ahora no solo me excita ver sexo entre hombre y mujer, me siento curioso a explorar nuevo contenido e información. Surgiendo la posibilidad de que ahora, me excite al ver y escuchar sexo homosexual y lésbico. Luego tiende a suceder que ya no me excitará ver ese contenido al que estoy acostumbrado y seguiré profundizando para satisfacer la necesidad que tiene mi cerebro de obtener altas sobrecargas de dopamina. Llegando a consumir y disfrutar videos que incurran en violaciones a niños y niñas. Cuando quiero reaccionar ya estoy consumiendo zoofilia (sexo entre humanos y animales), entre otras parafilias o contenidos variados.

"La pornografía satisface cada uno de los requisitos previos para el cambio neuroplástico. Cuando los pornógrafos de jactan de que están yendo un paso más allá al introducir temáticas nuevas y más fuertes, obvian que deben hacerlo porque sus clientes están desarrollando una tolerancia al contenido habitual" (Doidge, 2019)

Pensamiento sexual adolescente

El pensamiento sexual adolescente se construye en una mayor parte por la información que se obtiene en conversaciones casuales escolares, en donde algunos empiezan a decir chistes vulgares, dar alardes de cuántas veces se masturban al día, la cantidad de veces que han tenido experiencias sexuales y en ocasiones la persona que tiene más pornografía en su celular, conocimiento e información sobre el tema se vuelve más popular. Como sentirse aceptado es una necesidad social del ser humano, empezamos a recibir y aceptar influencias, manipulaciones y sugerencias de aquellos compañeros que dicen tener la mejor información.

Así mismo, como nuestro cuerpo se está acostumbrando a nuevos cambios y ajustándose a nuevas etapas del desarrollo, nuestra psique también intenta ajustarse a los nuevos procesos que estamos experimentando y si no le brindamos a la mente información responsable, puede que se desarrolle un criterio erróneo.

Supongamos que aceptamos consejos y recomendaciones de cómo encender una estufa a un bebé de 8 meses de nacido que apenas está empezando a balbucear sus primeras palabras. No tiene ningún tipo de sentido, porque aquel bebé ni siquiera tiene idea de qué es una estufa y mucho menos de cómo usarla. Lo mismo ocurre cuando aceptamos recomendaciones, consejos y sugerencias de pornografía de aquellos que creen saber cómo utilizarla, resultando peor cuando terminas haciendo algo que no quieres simplemente para ser aceptado.

La pornografía es capaz de destruir a la mente más sana y es imposible lograr una óptima salud mental consumiendo contenido que provoca un descontrol mental y hormonal.

CAPÍTULO 3

Un Monstro Gigante

*Algunos datos que no te muestran
en las escenas del porno*

Es una de las cinco industrias más poderosas del **mundo**. Según la revista Forbes México esta industria genera mundialmente 60 mil millones de dólares. (Forbes, 2018)

Según datos arrojados por el portal web de contenido pornográfico más visitado en el mundo (pornhub), en el 2017 se registraron un total de 28,500 millones de visitas y un registro de 4 millones de videos cargados en la plataforma. Este portal indica que estos datos se traducen en 50 mil búsquedas por minuto y 800 por cada segundo.

Es cierto que una industria genera dinero por sus consumidores. Lo mismo pasa con una industria poderosa como la farmacéutica, pero haciendo una sencilla comparación nos daremos cuenta de que hay medicamentos que no podemos comprar en las farmacias porque se necesita una prescripción o receta médica para obtener dicho medicamento. Tampoco se puede ingerir cualquier medicamento porque en nuestro organismo pueden resultar de gravedad. Pero, en la industria de la pornografía, en ocasiones y en algunas páginas web no existen prescripciones ni recetas médicas que condicionen el consumo o logren limitar la cantidad de segundos, minutos y horas que una persona pasa consumiendo pornografía y generando altas descargas de dopamina que en tan alta demanda son perjudiciales para nuestro cerebro. Eso sin mencionar las consecuencias emocionales que se experimentan y que estudiaremos en próximos capítulos.

La pornografía está íntimamente relacionada con el tráfico internacional de niñas, adolescentes y mujeres.

Según National Geographic indican que las ganancias económicas del tráfico internacional de mujeres se estiman en 32 billones de dólares anuales (Geographic, 2018)

La doctora Helga Konrad, directora ejecutiva de la lucha contra la trata de personas en el Instituto Austriaco de Asuntos Internacionales indica que las mujeres víctimas del tráfico han aumentado desde el 2014, a raíz del gran flujo migratorio.

Solamente en México, según la Organización Internacional del Trabajo (OIT), 24.9 millones de mujeres incluyendo niñas víctimas de trata fueron obligadas a realizar trabajos forzosos, incluyendo la prostitución. Niñas y mujeres son secuestradas, intercambiadas por sus padres por drogas, alcohol o dinero. Niñas que no tienen la opción de ser felices, a quienes su inocencia les es arrebatada, sin la oportunidad de tener una infancia llena de sonrisas y alegría, sin la elección de salir a jugar con sus amiguitas. Algunas permanecen en cautiverio, pues están durante días sin ver la luz del sol porque las mantienen en un cuarto drogadas y lo único que logran ver es cuando otro hombre abre la puerta para entrar al cuarto y abusar de ellas.

Más del 70% de las mujeres que ves en los videos pornográficos sufre o ha sufrido explotación sexual.

Sin duda alguna, la explotación sexual que se les hace a mujeres y niñas ha ido en aumento y uno de los motivos principales es el alto consumo de pornografía a los que la sociedad accede diariamente. La fundación Enough is Enough (Suficiente es suficiente en su traducción al castellano) es una entidad sin fines de lucro que lucha para que el internet sea más seguro para las familias, indicando que cada segundo 28,258 usuarios de internet están viendo pornografía y en su mayoría son adolescentes.

En las siguientes líneas te dejo pequeños extractos de historias de mujeres que en algún momento de su vida fueron víctimas de abusos.

Linda Lovelace sufrió una violación sexual por 5 hombres. "amenazaron con dispararme si no hacía las escenas, me trataron como una muñeca de trapo.

Sufrí mucho dolor, nunca me he sentido tan asustada, desgraciada y humillada en mi vida, me sentí basura", contó Linda. (pais, 1979)

Regan

"Me golpearon la cara, hasta el punto de rompérmela. Muchas de las chicas estaban llorando porque de verdad estaban cansadas y adoloridas. Yo no podía respirar. Me pegaban y ahorcaban, estaba muy alterada y ellos no se detenían. Les rogué que apagaran las cámaras pero ellos seguían filmando. Sin importarle mi sufrimiento". (Martinez, 2019)

Josephine

"Mis hijos necesitaban comer y en mi desesperación vi un anuncio en el periódico y decidí llamar. Me dijeron que sólo haría algunas escenas y al final me pagarían para irme a casa. Me llevaron a un almacén. Me asuste, así que les solicité dejarme salir y simplemente me abofetearon, me amenazaron y empezó la escena, al final mi rostro estaba irreconocible de tantos golpes, quise parar, pero no me hacían caso. Me halaban el cabello y también me golpeaban el cuerpo, hicieron lo que les dio la gana conmigo. Hoy después de muchos años mi alma sigue desgarrada". (Paul, 2015)

Tres historias en donde se puede apreciar a mujeres que han sido víctimas de explotación sexual. El miedo, el abuso y la violencia se entrelazan para humillar, arrastrar y desgarrar el alma de una mujer. Lo mismo ocurre con miles de niñas que son violadas brutalmente, todo con el fin de crear un nuevo video que será publicado para recibir miles de vistas de personas jóvenes y adultas adictas a la pornografía.

El 35% de las descargas de internet son fotos o videos pornográficos.

Hootsuite y We Are Social en el 2019 realizaron un estudio que arrojó la cantidad de horas que pasa una persona navegando en internet (incluyendo redes sociales). La media global es de 6 horas y 42 minutos. El país en donde la media es más alta es Filipinas, en donde las personas navegan en internet durante 10 horas y 2 minutos promedio.

De acuerdo al informe realizado en el 2015 por Common Sense Media ONG que brinda herramientas para el uso de la tecnología en niños, padres y educadores, en un día común un adolescente en los Estados Unidos pasa aproximadamente 9 horas utilizando medios de entretenimiento (incluida música, internet, redes sociales, series)

En el año 2017 la Facultad de Ciencias Sociales de la Universidad de Laval en Quebec Canadá, dividió a los usuarios que consumen pornografía en 3 grupos:

1. Consumidores por motivos creativos

2. Consumidores que buscan eliminar tensión y estrés

3. Consumidores compulsivos

Cada grupo posee una cantidad de horas de consumos por semana, pero si nos enfocamos en el consumo diario de pornografía por parte de los adolescentes, la cifra puede estar en 3 minutos y 42 segundos aproximadamente

(Universidad de Laval) Esto incluyendo imágenes y publicidad en internet. (Vaillancourt-Morel, 2017)

Un Adolescente con internet tiene acceso gratis a más de 25 millones de portales pornográficos en la web.

En el siglo XXI, si no buscas la pornografía, ella te busca a ti y créeme que de alguna u otra forma te encontrará. Podemos estar navegando, haciendo tareas de la universidad o del cole, viendo una película con nuestra pareja o amigos y de repente aparece en tu pantalla una imagen o video con contenido pornográfico.

Una de las razones por las cuales los adolescentes consumen pornografía es porque la perciben como una escuela para aprender a tener buenas relaciones sexuales, sin saber que la pornografía no representa en lo más mínimo la realidad de las relaciones sexuales.

"Lo malo de hacer todo por dinero es que en algún momento dejas de sentir. Se me olvidó lo que era el amor, la pornografía me hizo ver a las mujeres solo como un objeto que me generaba dinero y placer. Nunca pensé ser uno de los mejores. La fama y el dinero no arreglaban el dolor que sentía y lo vacío que estaba. Fueron casi 25 años de estar roto por dentro. Completamente quebrado e indefenso. Esas son las escenas que nunca verán en una escena pornográfica, pero es la realidad de muchos actores". Greg Ory (uno de los actores más reconocido de la industria).

Greg, un hombre involucrado por más de 20 años en la confección de material pornográfico, expone y reconoce la distorsión de pensamiento que puede provocar en un hombre adulto el consumo de pornografía. ¿Se imaginan

CAPÍTULO 4

Consecuencias Catastróficas

Salud mental

1. Consumir pornografía puede influir en que te conviertas en un violador y acosador.

En 1987, el psicólogo P.E. Dietz y el abogado de asuntos criminales Alan Sears examinaron 5.132 libros, revistas y películas que se vendían en librerías para adultos de tres ciudades distintas. Sus pesquisas dieron como resultado que menos del 5% de los materiales fuertes mostraban el acto sexual entre un hombre y una mujer. Más frecuentes eran los casos de "bestialidad, tortura, simulación de incesto y cautiverio", dijeron los investigadores (Bole, 1995)

Es bueno aclarar que no estamos afirmando que el consumo de la pornografía te convertirá en violador. Son muchos los agresores sexuales que se excusan en la pornografía. Lo que estamos resaltando es que el consumo de pornografía es capaz de influir en la manera de pensar y en la forma de actuar de un individuo y aún más en la mente de un adolescente.

La mayoría de los adolescentes no sabe diferenciar entre la realidad y la fantasía y son muchos los que no se conforman con ver una imagen o un video, sino que quieren llevar sus fantasías a la vida real sin importar el daño que puedan causar. Algunos motivados por el deseo sexual y otros, solo por querer imitar, empiezan a incurrir en acosos y violaciones. Les voy a poner un ejemplo que se ha repetido en muchos hogares.

El señor Pedro acaba de llegar a su hogar luego de pasar una jornada laboral. Cuando estaba en el trabajo, uno de sus amigos le mandó varios videos pornográficos. Regularmente, luego de mirar los videos los borra inmediatamente porque su hijo Pedrito usa su celular para jugar. Desafortunadamente ese día al señor Pedro se le olvidó borrar los videos. Pedrito ve llegar a su padre e inmediatamente le pide el celular para jugar. Toma el celular y logra abrir uno de los videos que a su papá se le olvidó borrar. Pedrito completamente hipersexualizado va con su hermanita Sofía de 5 años y trata de repetir con la niña todo lo que vio en el video, dañando y desgarrando su inocencia.

Ahora bien, este es un caso ficticio, pero no se aleja de la realidad de muchas familias que han tenido que pasar por un acontecimiento similar dentro de sus hogares, pues esa es una de las consecuencias catastróficas de la pornografía en los niños y adolescentes tenemos la responsabilidad de proteger su integridad y su salud mental.

Si bien es cierto que existen múltiples estudios e informes que indican que la pornografía ha mitigado ataques sexuales, nuestro objetivo no es refutar ningún informe o estudio, sino brindarles un apoyo a los miles de adolescentes que están pidiendo a gritos un auxilio para poder escapar de esta adicción que cada día los encamina a deteriorar aún más la salud mental.

Ted Bundy, el violador y asesino en serie más famoso del mundo, un día antes de cumplir con su condena de muerte se entrevistó con el Dr. James Dobson, quien es un reconocido psicólogo de los Estados Unidos y conocido por su fundación y programa radial "Enfoque a la familia"

Aquella entrevista es muy conocida, con mencionarles que existen varios libros solamente de esa entrevista, porque estamos hablando de Ted. Un hombre que confesó orquestar 36 femicidios incluyendo violación carnal a sus víctimas. En dicha entrevista con el Dr. Dobson, Ted describe algunos puntos importantes que todo ser humano y aún más nuestros adolescentes merecen leer.

1. Empezó a consumir pornografía desde los 13 años.

2. Se consideraba un adolescente normal.

3. Creció en un hogar saludable con buenos valores.

4. Tenía amigos que él consideraba buenos.

5. Consideró que la pornografía es algo potente capaz de destruir personas.

6. Empezó a consumir imágenes con material más violento.

7. Afirma que la pornografía contribuyó a moldear su comportamiento violento.

8. "He vivido en la cárcel mucho tiempo y he conocido a muchos hombres que han cometido actos de violencia. Sin excepción, cada uno de ellos es profundamente adicto a la pornografía". (Palabras de Ted)

9. La pornografía te crea fantasías que después quieres hacer realidad.

10. La pornografía "me empujó a violar. Era ella la que excitaba mi imaginación".

El consumo de pornografía suele ser uno de los intereses comunes entre asesinos seriales. Es cierto que la pornografía tiene luz verde en nuestra sociedad, pero quizás es tiempo de que le coloquemos luz amarilla de precaución y aún más luz roja para que nuestros adolescentes no destruyan su mente.

2. Consumir pornografía provoca que se perciba a la mujer como un objeto sexual.

La típica escena porno en donde la mujer está en un estado de sumisión frente a un hombre que empieza a someterla y ella, sin objetar, acepta todas las peticiones y lo complace al 100% sin importar lo que ella quiere o desea. Las mujeres no son un objeto, ni una cosa que puede ser desechada. Las mujeres no tienen la obligación de satisfacer a un hombre.

Las mujeres no están en este universo para ser tratadas como basura, no fueron creadas para ser sometidas y estar debajo de un yugo que lo único que provoca es que carguen con un peso sobre sus espaldas sin su consentimiento, incitando denigrando su imagen y moral.

Las mujeres no deben ser vendidas, secuestradas, ni violadas, ni maltratadas. Las mujeres están aquí para ser libres y en su libertad ser genuinas y espontáneas, siendo ellas diseñadoras de su propio destino.

Querido lector, si eres un hombre, tienes que saber que los videos pornográficos van a desencadenar que te sientas superior a las mujeres y si te logras sentir superior a las mujeres quiere decir que en tu mente ellas son inferiores y que valen menos o que no tienen valor. Y todo lo que no es importante o que no tiene valor para el ser humano fácilmente es capaz de ser usado, cambiado, tirado y desechado.

También vas a desarrollar pensamientos permisivos y tolerantes a la violencia, violaciones a mujeres y niñas. Recuerda que nuestro cerebro es capaz de acostumbrarse a todo lo que tú le das. Todo eso está sucediendo en nuestra mente no porque seas una mala persona o porque te estás convirtiendo en un asesino o en un violador. Todo esto está sucediendo porque tu cerebro está inmerso en una sobreestimulación y posiblemente se está desarrollando una dependencia a la pornografía.

3. El consumo de pornografía no reafirma la hombría, reafirma el machismo y la violencia de género.

Algunos padres desde que nace un niño buscan métodos para reafirmar la hombría de su hijo. Varios le empiezan a dar cerveza desde que son infantes, otros los llevan a prostíbulos cuando son adolescentes y existen quienes envían videos pornográficos a sus propios hijos.

Es importante que aclaremos que ver pornografía no reafirma la hombría o la virilidad de un hombre y es necesario que todas las madres y padres lo sepan. También se debe entender que lo único que se reafirma con el consumo de pornografía es el machismo y la violencia de género, que seguirán predominando en nuestras sociedades si no empezamos hacerles frente.

El equipo de *FightTheNewDrug.org* brinda información científica de la relación que existe entre el consumo de pornografía y la violencia. En el 2010 se realizó un estudio en donde se hizo un análisis de los 50 videos pornográficos más vendidos. Se revisaron 304 escenas de sexo y el 88% incluían violencia, abarcando golpes, bofetadas, insultos, humillaciones y violaciones. En estas escenas las respuestas de las mujeres frente a la violencia que recibían eran de obediencia, agrado, sumisión y hasta sonrisas (Bridges, A. J., Wosnitzer, R., Scharrer, E., Sun, C. & Liberman, R. 2010).

Si en realidad queremos una generación libre de machismo y libre de violencia, es tiempo de prestarle atención a lo que está destruyendo la mente de nuestros niños y adolescentes. Estemos a favor o estemos en contra, queramos o no queramos, nuestra generación sigue consumiendo contenido que puede perturbar la mente de un individuo y destruir por completo su futuro.

4. El consumir pornografía puede desencadenar adicción a la masturbación y el uso de drogas.

La adquisición de material pornográfico a través de diferentes medios está íntimamente relacionada con la masturbación. Si bien es cierto, este no es un libro en donde vamos a profundizar sobre la masturbación, hay algunas cosas que sí mencionaremos. Debemos entender que el placer es adictivo y un adolescente que se auto estimula puede desarrollar una adicción al placer.

La masturbación es una conducta que se refleja con más frecuencia en la adolescencia. Según la sexóloga Elizabeth Aliaga, el porcentaje mundial indica que 9 de cada 10 adolescentes varones se masturba y 6 de cada 10 adolescentes mujeres también lo hace. El detalle que queremos resaltar es que muchos pierden el control y empiezan a cometer acciones de riesgo para su salud física y mental: adolescentes varones que se empiezan a masturbar en frente de sus hermanas o algún otro familiar, señoritas que empiezan a introducir dentro de sus vaginas objetos como pepinos y plátanos verdes, logrando lacerar sus genitales para obtener placer, sin tomar en cuenta los riesgos que implica y lo peligroso que puede llegar a ser, pues muchas llegan a la sala de urgencias por dolor y hasta por hemorragias.

5. La pornografía no es una escuela para aprender a tener sexo.

Muchos son los adolescentes que admiten su interés por la pornografía para aprender sobre el sexo o mejor dicho, para aprender a tener buen sexo.

Kathy es una adolescente de 16 años que mantiene buenas calificaciones. Fue educada por sus padres en un ambiente confortable, con buenos modales, etc. Ella tiende a ser bastante alegre y entusiasta, sus amigas la describen como el alma de la fiesta. Es fanática de la música urbana. Se sabe la letra de la mayoría de sus canciones. En los próximos días, Max, su novio, está de cumpleaños.

En una de las últimas llamadas nocturnas que la pareja mantuvo, Max le solicitó a Kathy una prueba de amor. Una noche de sexo en donde se pueda consumar la pasión que se tienen. Max es un adolescente que tiene la misma edad de su novia, criado en una familia nuclear. Max es el mayor de 3 hermanos, le gusta el futbol y es fanático del futbol Sin embargo, Max empezó a consumir pornografía desde los 11 años.

Kathy, un poco confundida y temerosa, decide aceptar la propuesta de Max. Llegó la noche esperada para Max. En su pensamiento, solo existe el deseo de satisfacer sus impulsos sexuales sin importar lo que Kathy quiera. Entre besos y caricias Max empieza a violentar a Kathy con fuertes golpes en sus glúteos y rostro. Kathy es obligada a experimentar sexo anal.

Max también empieza a estrangularla, pues él observó en un video pornográfico que a las mujeres les gusta que las ahorquen. Kathy, adolorida, decide ponerle fin a la escena y con lágrimas recoge su ropa y sale corriendo apresuradamente sin mirar atrás.

Solo quedan memorias de aquella joven alegre, sonriente y con excelentes calificaciones, pues ella fue víctima de un joven desesperado por cumplir sus fantasías sexuales. Su deseo sexual estaba por encima de cualquier sentimiento o emoción positiva que pudiera tener por su novia. Kathy fue víctima de Max y Max, seguirá siendo víctima de la pornografía.

Volviendo a la entrevista que mencioné en párrafos anteriores, rescatemos unas cuantas ideas:

— ¿Recuerdas cuáles eran tus pensamientos en aquel tiempo?–le pregunta el Dr. James Dobson al asesino serial Ted Bundy

— Antes de contestarte, quiero aclarar una cosa: no pretendo que la gente me justifique. Asumo plenamente mi responsabilidad por lo que hice. Pero creo que fue la pornografía la que me empujó a violar. Era ella la que excitaba mi imaginación. Después me convertí en un esclavo de mis fantasías – respondió Ted Bundy.

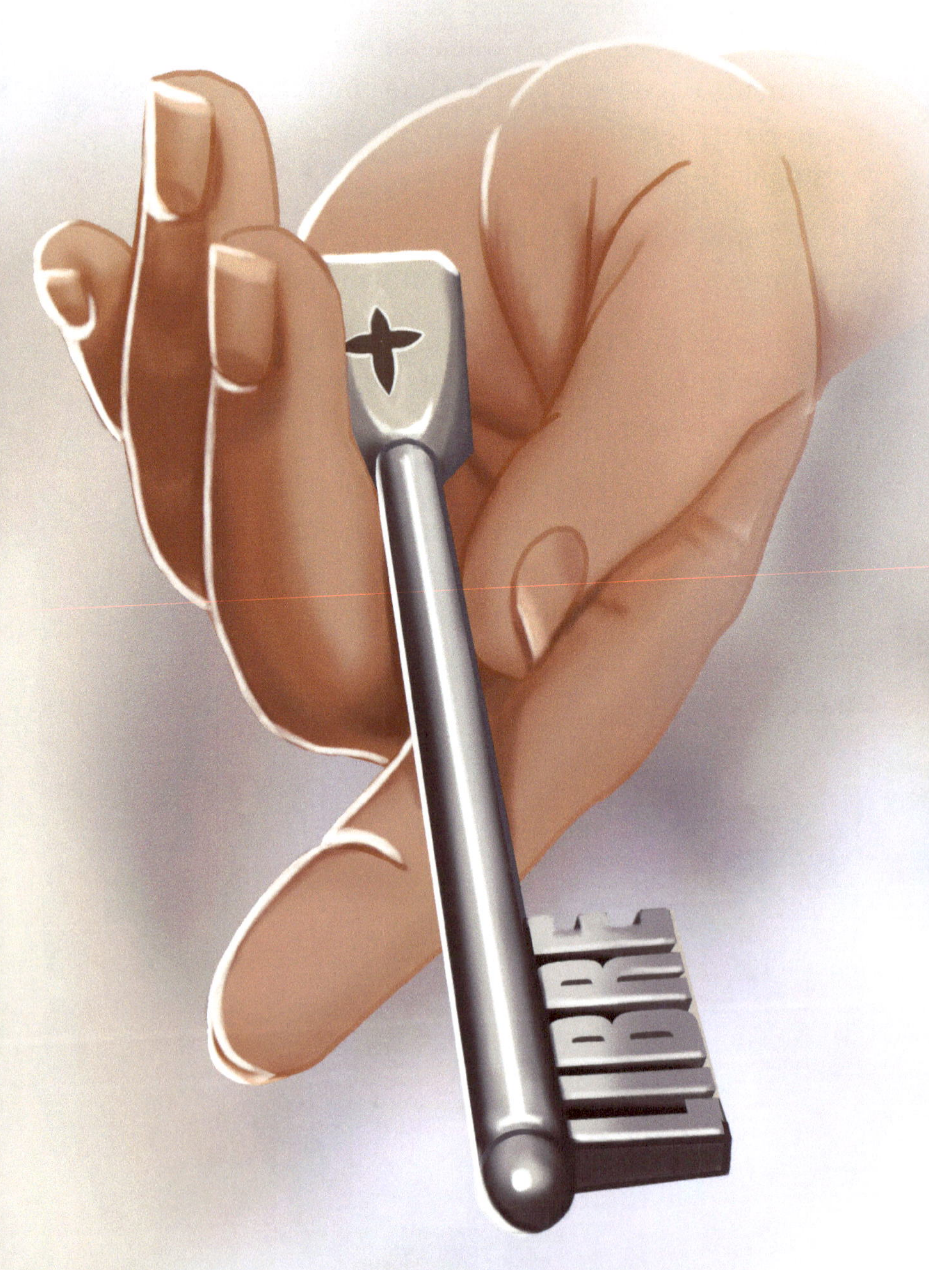
LIBRE

CAPÍTULO 5

¡Hay Esperanza!

Derribando al Monstruo

Te sientes entre la espada y la pared. Tienes ganas de presionar *play* pero, al mismo tiempo, no quieres. Estás lleno de culpa, tristeza y soledad. Quieres pedir ayuda pero no sabes cómo. No confías en quienes te rodean, piensas que quizás te juzgarán y señalarán. En muchas ocasiones has intentado dejar de ver los videos e imágenes, pero por alguna u otra razón regresas a ellos. Y esta vez con mucha más frecuencia. A veces no quieres salir del cuarto porque te sientes lleno de culpa, ira e impotencia. Hasta llegas a pensar que la pornografía es parte de ti y que jamás podrás vencerla.

En este capítulo te ayudaré con una serie de pasos que te permitirán enfrentar y batallar hasta conseguir la victoria que hace mucho tiempo estamos buscando. Te acompañaré en el proceso. Recuerda que no estás solo y que estamos juntos en esto.

– Paso 1 Reconocer que tenemos un problema y es urgente resolverlo.

¡Houston, tenemos un problema! Es imposible empezar a resolver un problema si yo no creo que existe o que realmente me está haciendo daño. Si aún crees que no te hace daño, que no te afecta ver pornografía, por lo menos, hazlo por las miles de niñas que salvaremos de ser secuestradas y violadas, gracias a que existe un consumidor menos en las redes.

Reconocer y aceptar que tenemos un problema quita el bloqueo o la máscara que te impide pedir ayuda. Levantar la mano y decir ¡AUXILIO! No quiero continuar haciéndome daño. En ocasiones nos cuesta reconocer que tenemos un problema debido a nuestro orgullo, esos aires de grandeza y superioridad que lo único que provocan es que no logremos reconocer nuestros errores.

Créeme, no es el momento para sentirnos la mamá, ni el papá de Tarzán. Recuerda que ya lo has intentado sola o solo en varias ocasiones y has fracasado. Reconocer que tenemos un problema no es signo de debilidad, sino de valentía, coraje, e inteligencia, porque muchos prefieren ignorar que el problema existe. Eso es más sencillo. Siempre puede resultar más fácil o cómodo decir "Yo soy así" eso es sencillo, no se necesita valor para tomar esa actitud. Pocos son los que logran encontrar el valor, la fuerza y el camino para enfrentar la situación de manera sabia.

–Paso 2 Se acabó el encierro en los cuartos y baños.

La puerta de tu cuarto, la puerta del baño y la puerta de cualquier otro lugar en donde consumas pornografías, no las puedes cerrar, a no ser que alguien pueda entrar y hacerte daño mientras duermes, o mientras te des una ducha. Si esa no es tu condición, queda rotundamente prohibido cerrar las puertas.

Vamos primero con el cuarto. Tu y yo sabemos que presionas el botón de reproducir el video cuando el cerrojo de la puerta está asegurado y regularmente tienes los audífonos puestos para que nadie más pueda escuchar ni entrar. Recuerda que la mayoría de las acciones que vamos a empezar a desarrollar no serán tan cómodas en un inicio. Si queremos resultados diferentes no podemos pretender hacer lo mismo todo el tiempo.

Si estabas acostumbrado a realizar todo en tu cápsula de navegación espacial, o sea, en tu cuarto, vamos a dejarlo descansar por mucho tiempo. Te invito a desconectarte progresivamente de tu habitación o lugar de consumo y empezar a utilizar ubicaciones de la casa que quizás tenías abandonadas. Desayuna, almuerza y cena en el comedor. Ver películas o escuchar música es algo que también se puede hacer en la sala. ¡Vamos! no pongas esa cara, piensa que también vas a poder interactuar más con tus padres y toda la familia.

Bien, ahora vamos al baño. Esta parte es un poco más delicada. Creo que en la adolescencia nos gusta bastante nuestra privacidad y espacio. Ni el celular ni la *Tablet* entrarán contigo al baño. Si existe la costumbre de hacer un concierto en el baño mientras te aseas, puedes conectar una bocina con *bluetooth* o reducir significativamente los minutos que pasas dentro del baño. No te enojes, recuerda que es por tu bien. ¡Puertas abiertas!

–Paso 3 Se acabó el exceso de tecnología.

La computadora portátil tiene que salir de nuestro cuarto. Podemos buscarle otro lugar dentro de la casa para que puedas hacer tus tareas y obligaciones. Trata lo más que puedas de no utilizar la computadora mientras estás solo en casa. Lo mismo sucederá con revistas, imágenes y videos. Ya empieza nuestro proceso de desintoxicación y no queremos una pronta recaída.

Sé que dolerá, pero también debemos reducir el uso del celular, en especial por las noches. Procura conseguir una alarma para seguir levantándote temprano y continuar con el cumplimiento de tus obligaciones diarias. Esas conversaciones nocturnas que en ocasiones te logran excitar y luego te invitan a poner un video para masturbarte en nombre de esa persona. Hay que evitarlas y así disminuir en su totalidad el consumo de pornografía.

Tienes que saber que los buenos resultados van a depender de tu nivel de compromiso. Es verdad que no vamos a dejar de consumir pornografía de la noche a la mañana, pero piensa que puedes empezar el entrenamiento de tu cerebro para modificar los comportamientos que hasta hoy han sido perjudiciales para tu salud mental.

Recuerda que nuestro cerebro tiene la facultad de adaptarse a los cambios y gracias a la plasticidad cerebral te puedo asegurar que tienes la habilidad de cambiar todas aquellas costumbres que te propongas.

Si consumes pornografía con el móvil puedes hacer lo siguiente:

-Nosotros sabemos cuáles son los grupos en donde siempre envían videos pornográficos. Esos grupos los vas a bloquear y vas a cambiar la configuración de la aplicación para que ningún video se descargue de forma automática. O si ya tomaste una decisión radical, puedes salirte del grupo.

-Existen aplicaciones para bloquear la reproducción de los videos mientras entrenamos el dominio propio.

-Cancela todas las suscripciones, dándole prioridad a las que envían notificaciones diarias a nuestro móvil.

-Debes entrar en galería y borrarlos todos, sin excepción. No te hagas el vivo. No intentes guardarlos en la nube. Y si tienes alguno guardado en la nube recuerda eliminarlo.

-Redes sociales: si seguimos artistas, modelos, actrices, actores o alguna figura pública que logra excitarnos, presiona el botón "dejar de seguir". Si sientes la necesidad de bloquear estados, hazlo. Tenemos que hacer lo necesario para proteger y cuidar nuestra salud mental.

Si consumes pornografía con la computadora portátil puedes hacer lo siguiente:

-Cancela todas las suscripciones, dándole prioridad a las que envían notificaciones y correos calientes. Si pagas alguna o varias membresías, dale al botón de de suscribir. Toma ese dinero y deposítalo mensualmente en una cuenta de ahorro. Te sorprenderá cuánto dinero tendrás en 1 año.

-Existen software que bloquean la entrada a sitios pornográficos. Te recomiendo que instales uno gratis o también puedes utilizar el dinero que era de las suscripciones para invertirlo en tu recuperación.

-Debes eliminar todos los archivos que tienes en el escritorio, mis documentos, descargas y todas aquellas carpetas que están ocultas. Hazte un favor y elimínalas. Entra a papelera de reciclaje y elimina todo también. Si eres de los que tiene discos duros externos de 500GB o de 1TB no te voy a decir que los botes pero debes vaciarlos y sin tener la opción de poder recuperarlos, despójate de eso.

-Evita navegar en páginas que posiblemente arrojen algún tipo de publicidad referente al porno, si tiene la posibilidad de cambiar de navegado hazlo.

-Paso 4 Invertir el tiempo en actividades productivas

Si la procrastinación es uno de los más grandes enemigos del ser humano, el ocio es el peor enemigo de los adolescentes. El entretenimiento es importante para todos, sin embargo, no podemos vivir entretenidos.

Supongamos que estás dentro del promedio de adolescentes que consumen 3 minutos con cuarenta y siete minutos diarios de pornografía. A la semana son cuarenta y nueve minutos, al mes ya tenemos ciento noventa y seis minutos de consumo. En seis meses van mil ciento setenta y seis minutos. Al final del año llevamos dos mil trecientos cincuenta y dos minutos de consumo. ¿Qué te parece si invertimos esa cantidad de minutos en un nuevo emprendimiento y así ayudamos a la economía de la familia?

Mientras vayas avanzando en el proceso, te darás cuenta de que tienes más tiempo. El tiempo que antes invertías viendo pornografía quedó libre, a esa medida de tiempo debemos buscarle una ocupación: leer, escribir, estudiar, cocinar, ayudar en los quehaceres del hogar, puedes ir a preguntarle a papá o mamá si necesitan ayuda con algo. También puedes empezar a practicar algún deporte.

La disciplina en esta etapa será importante, porque posiblemente en algún momento te aburras de hacer deporte, cocinar o leer y sientas fuertes deseos de consumir pornografía y justo en ese momento es en donde debes establecer metas reales. Por ejemplo, esta semana el consumo de pornografía será 0. Luego de cumplir la meta debes premiarte con algo que te guste (helado, salida al cine, video juego, música, piscina, etc). Por favor, no te vayas a premiar viendo un video pornográfico.

Recomiendo que el primer objetivo sea de quince días de consumo cero. Luego puedes ir avanzando con cuarenta y cinco días sin consumir ningún tipo de pornografía, hasta alcanzar 90 días. Si te gustan los desafíos, estás a punto de empezar uno de los más importantes de tu adolescencia y probablemente de vida.

Después de alcanzar noventa días estás más que listo para seis meses sin porno. Recuerda que estamos hablando de tu salud mental y es eso lo que me importa. Celebra los seis meses para seguidamente alcanzar los doce meses sin consumir material pornográfico.

–Paso 5 Aliados inteligentes para que te ayuden a batallar.

En una de las escenas de la película Gladiador, el actor Ridley Scott, El general Máximo, justo antes de empezar la primera batalla en el coliseo romano hace una pregunta interesante: ¿Alguien ha estado en el ejército? Luego de que algunos le responden dice: No sabemos a qué nos enfrentamos, pero es más fácil que sobrevivamos juntos.

Querido lector, usted y yo estamos juntos en esto. Al final del libro encontrarás mi correo y redes sociales para mantenernos en comunicación. Sin embargo, debes copiar la actitud del general Máximo antes de iniciar la batalla. Si realmente quieres dejar la pornografía, debes buscar aliados inteligentes que te ayuden a levantarte después de cada caída, que sean capaces de brindarte auxilio cuando lo necesitas, personas que estén dispuestas a ir corriendo a tu casa y decirte que no presiones *Play*.

Entiendo que no quieras involucrar a tus padres en esto, pero si está dentro de tus posibilidades trata de confiar en ellos. También recomiendo escribirme y establecer alianza con mi **página web zarielespada.org**

Toda la información que me compartas será confidencial. Estamos juntos en esto.

También puedes hacer alianza con el profesional de salud mental de tu escuela. Si conoces alguna iglesia cristiana responsable en tu comunidad, te pido que encuentres el valor para buscar apoyo.

Quizás pienses que eres autosuficiente y que no necesitas el apoyo de otras personas. Tal vez sea verdad que eres fuerte, pero hay que tomar en cuenta que la pornografía tiene fuertes aliados, como la música, las series, las redes sociales y la misma sociedad. Todos ellos en contra de una salud mental de calidad para nuestros adolescentes.

Antes de terminar quiero que pienses en lo siguiente: cada vez que le das *Play* a un video pornográfico estas dándole *play* al secuestro y violaciones de niñas. Cada vez que le das *play* a un video, recuerda que miles de mujeres están siendo vendidas y abusadas sexualmente para subir un video nuevo en un portal de internet y generar vistas. No seas partícipe. Somos la resistencia #Actitud

El tráfico sexual de menores no será eliminado hasta que la demanda sea eliminada. La demanda no será eliminada hasta que las raíces de un deseo sexual desordenado sean eliminadas y una de las causas de un deseo sexual desordenado es la pornografía. (ttrafficking, 2018)

El principio de la sabiduría es el temor a Jehová. Buen entendimiento tienen todos los que practican sus mandamientos, su alabanza permanece para siempre Salmos 111: 10

Bibliografía

Bole, W. (Octubre de 1995). *Violencia y pornografia* . Obtenido de https://bibliaytradicion.wordpress.com/miscelaneo/pornografia/la-violencia-y-la-pornografia-han-sido-daninas-para-las-mujeres-las-familias-y-la-sociedad/

Challies, T. (11 de Abril de 2017). *www.challies.com*. Obtenido de https://www.challies.com/articles/10-ugly-and-updated-numbers-about-pornography-use

Doidge, P. N. (17 de Diciembre de 2019). *theconversation.com*. Obtenido de https://theconversation.com/ver-porno-infantiliza-el-cerebro-128936

Forbes, S. (29 de Mayo de 2018). *forbes.com.mx.* Obtenido de https://www.forbes.com.mx/2017-el-ano-que-supero-las-cifras-y-las-busquedas-en-la-industria-porno/

Geographic, N. (3 de Agosto de 2018). *ngenespanol.com*. Obtenido de https://www.ngenespanol.com/el-mundo/10-datos-importantes-trata-de-personas/

Martinez, A. (21 de Noviembre de 2019). *culturacolectuva.com*. Obtenido de https://culturacolectiva.com/cine/historias-del-porno-actrices-violencia-humillacion

Ontiveros, E. (6 de Febrero de 2019). *BBC.com*. Obtenido de https://www.bbc.com/mundo/noticias-47133238

pais, E. (5 de Diciembre de 1979). *Elpais.com*. Obtenido de https://elpais.com/diario/1979/12/06/ultima/313282801_850215.html

Paul, P. (6 de Enero de 2015). *https://www.antiporno-graphy.org.* Obtenido de https://www.antipornography.org/harm_stories.html

Powell, D. (2009). Guia Holman de Apologética Cristiana. En D. Powell. Nashvile, Tennessee 37234: B&H Publishing Group.

ttrafficking, S. a. (2018). *https://sistersagainsttrafficking.org/.* Obtenido de https://sistersagainsttrafficking.org/

Vaillancourt-Morel, M.-P. (9 de Marzo de 2017). *Journal of Sexual Medicine.* Obtenido de https://www.playground.media/news/la-ciencia-ha-identificado-3-grandes-tipos-de-usuarios-de-porno-20997

Biografía

Zariel Espada nació el 4 de septiembre de 1994 en la República de Panamá, Provincia de Colón. Psicólogo de profesión. Obtuvo un Master en psicología forense en la Universidad Latina de Panamá.

Siempre ha estado comprometido con la salud mental de los jóvenes y adolescentes. Siendo facilitador ha colaborado con estudiantes de todas las edades dentro del territorio nacional. Su compromiso con la sociedad lo llevó a participar en el diseño de la primera política pública de la salud mental para jóvenes de Centroamérica y República Dominicana. La promoción de la salud mental y mantener una buena actitud han sido su sello personal.

www.ingramcontent.com/pod-product-compliance
Lightning Source LLC
Chambersburg PA
CBHW040915110726
48005CB00006B/905